Arte y cultura

Historias de las
constelaciones

Figuras

Saskia Lacey

Asesoras

Michele Ogden, Ed.D
Directora, Irvine Unified School District

Jennifer Robertson, M.A.Ed.
Maestra, Huntington Beach City School District

Créditos de publicación

Rachelle Cracchiolo, M.S.Ed., *Editora comercial*
Conni Medina, M.A.Ed., *Gerente editorial*
Dona Herweck Rice, *Realizadora de la serie*
Emily R. Smith, M.A.Ed., *Realizadora de la serie*
Diana Kenney, M.A.Ed., NBCT, *Directora de contenido*
Stacy Monsman, M.A., *Editora*
Kevin Panter, *Diseñador gráfico*

Créditos de publicación: pág. 8 Mary Evans Picture Library/
Alamy Stock Photo; pág. 20 Ian Nellist/Alamy Stock Photo;
pág. 24 (superior e inferior) Science Source; pág. 25 SPL/Science
Source; pág. 26 Christophe Lehenaff/Getty Images; todas las
demás imágenes de iStock y/o Shutterstock.

Teacher Created Materials
5301 Oceanus Drive
Huntington Beach, CA 92649-1030
http://www.tcmpub.com

ISBN 978-1-4258-2896-7

Contenido

Atributos de los mitos antiguos

Te presentamos a los antiguos griegos. Vivieron hace miles de años. Algunas de las mentes más brillantes de la historia vinieron de la Grecia temprana. Los griegos inventaron muchas cosas. Construyeron los primeros teatros. Desarrollaron la **democracia**. ¡Incluso construyeron las primeras duchas! La sociedad moderna le debe mucho a la cultura griega temprana.

La **mitología** era muy importante para los griegos. Creían en muchos dioses. Cada uno tenía **atributos**, o características únicas. Algunos dioses eran conocidos por su fuerza. Otros eran conocidos por su sabiduría. Aun otros eran alabados por su belleza.

Las ruinas de la Acrópolis en Atenas son evidencia de la arquitectura griega.

El Partenón es un templo antiguo dedicado a Atena.

La ciudad de Atenas recibe el nombre de la diosa griega Atena.

Los griegos creían que los dioses comandaban las fuerzas de la naturaleza. Gobernaban los relámpagos y los truenos. Habían creado las olas y el viento. Cada parte de la naturaleza procedía de poderes grandes e invisibles.

Los dioses hicieron su hogar en el monte Olimpo. Su gobernante era Zeus, el dios del cielo. Zeus tenía dos hermanos: Poseidón y Hades. Poseidón era el dios de los mares. Hades era el dios de los muertos.

En algunas cosas, los tres hermanos eran iguales. Cada hermano era inmortal, tenía gran poder y gobernaba un reino de la Tierra. Compartían estos atributos entre sí.

Zeus

Poseidón

En otras cosas, los hermanos eran diferentes. Zeus era conocido por su poder. Se creía que Poseidón era temperamental. Hades era severo. Cada uno gobernaba un nivel diferente de la Tierra. Zeus gobernaba el cielo, Poseidón gobernaba el agua y Hades gobernaba el inframundo. Estos atributos los hicieron únicos.

Pero los atributos no solo se usan para describir dioses. ¡Describen muchas cosas como árboles, animales o incluso figuras!

Monte Olimpo

Hades

Constelaciones

Los griegos veían figuras en los patrones de las estrellas. Nombraban a las **constelaciones** según sus mitos conocidos. Así, las estrellas fueran más fáciles de identificar. Hoy, estas historias perduran como grandes figuras en el cielo nocturno.

Orión, el cazador

Este mapa muestra las constelaciones gri

Es probable que hayas visto el Cinturón de Orión. Es parte de una constelación famosa que toma su nombre de Orión, el cazador. Hay muchas versiones sobre su nacimiento. Algunos creen que era hijo de Poseidón. Otros piensan que había nacido de la Tierra. En cualquier caso, los atributos de este patrón estelar nos cuentan su historia. Tiene un garrote en una mano. Lleva una piel de león en la otra. Esto representa sus habilidades para la caza. Orión también lleva un cinturón grande. Su tamaño es un signo de poder.

El héroe mítico Orión usa su garrote para luchar contra un león.

Si miras atentamente la constelación, hay líneas y ángulos. También hay figuras llamadas polígonos. Los **polígonos** tienen ciertos atributos. Deben tener al menos tres **lados** rectos y deben ser figuras cerradas.

Constelación de Orión

¿Son polígonos estas figuras? Explica tu razonamiento
para cada una.

1.

2.

3.

9

La constelación de Orión forma diferentes figuras. ¿Qué notas sobre las figuras rotuladas *A* y *B*? ¿Cuáles son sus atributos? Ambas son figuras bidimensionales, cerradas, con lados rectos. Estos son los atributos que comparten. Como son figuras cerradas con lados rectos, estas figuras pueden ser clasificadas como polígonos.

¿Qué más se puede decir sobre las figuras *A* y *B*? También tienen cuatro lados. Ese atributo hace que estas figuras sean **cuadriláteros**. Un cuadrilátero es todo polígono con cuatro lados.

La figura *C* es también un polígono porque es una figura cerrada con líneas rectas. Pero la figura *C* tiene solamente tres lados. Por lo tanto, no es un cuadrilátero como las figuras *A* y *B*.

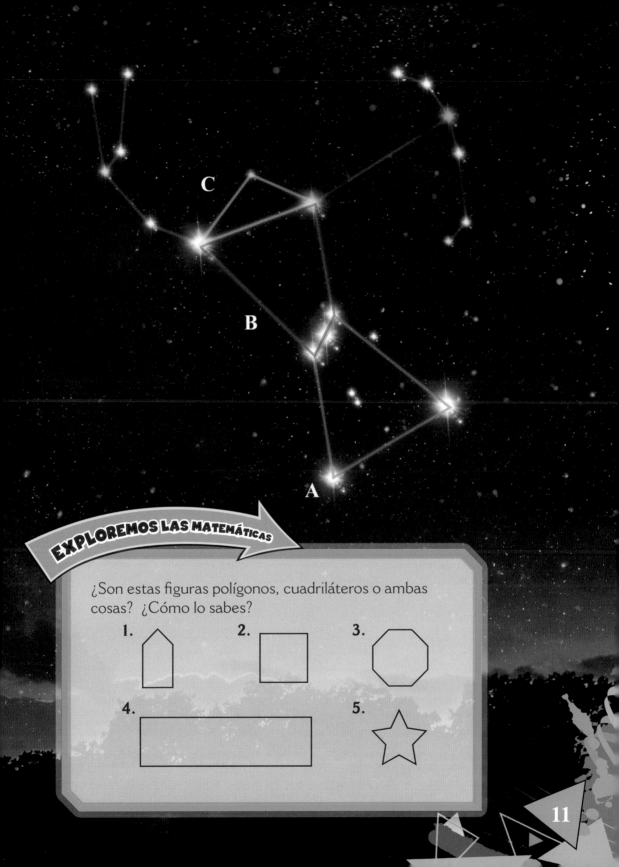

C

B

A

¿Son estas figuras polígonos, cuadriláteros o ambas cosas? ¿Cómo lo sabes?

1.

2.

3.

4.

5.

¿Puedes ver los dos
cuadriláteros en la Osa Mayor?

Osa Mayor

Otra constelación famosa es la Osa Mayor. Parte de ella se conoce como el Carro Mayor. La historia de la Osa Mayor tiene muchas versiones. Pero todas ellas comienzan, como muchos mitos griegos, con el poderoso Zeus.

El dios del cielo se enamoró de Calisto. Ella era una hermosa **ninfa**. En una versión de la historia, la esposa de Zeus descubre su amor por Calisto. Ella se enfurece. Y en su ira, convierte a Calisto en una osa.

En otra versión, Zeus esconde su amor por Calisto de su esposa. En esta historia, es Zeus quien convierte a Calisto en una osa. Más tarde, un cazador ve a la osa en el bosque. Levanta su lanza. ¡Está a punto de atacar!

Algunas versiones dicen que Zeus salva a la osa. Otras dicen que el cazador la mata. En ambos casos, Zeus coloca a Calisto en el cielo del norte. Hoy brilla radiante como una constelación.

Mira atentamente los polígonos de cuatro lados en la Osa Mayor. Notarás que no se ven iguales. Es que no es necesario que los cuadriláteros sean idénticos. ¡De hecho, pueden ser muy diferentes!

Entonces, ¿qué son los cuadriláteros? No son figuras de tres lados. Tampoco tienen cinco lados. No tienen lados curvos. Los cuadriláteros son figuras cerradas con cuatro lados rectos.

Hay muchas maneras de dibujar polígonos de cuatro lados. Podrías estar todo el día dibujándolos y todos podrían ser diferentes. Aun así, hay algunos tipos de cuadriláteros que son especiales. Se les han dado nombres especiales. Algunos ejemplos son el **cuadrado** y el **rectángulo**.

Constelación de Pegaso

Pegaso, el caballo alado

Un gran caballo rutilante vuela entre las estrellas. Se llama Pegaso. Esta bestia alada es una criatura favorita en la mitología griega. El hijo de Zeus fue el primero en montar a Pegaso. Pegaso se destaca como símbolo del alma eterna.

En la constelación de Pegaso, hay una figura conocida como el Gran Cuadrado. Pero si miras atentamente la figura, te podrías preguntar: "¿Es realmente un cuadrado?".

Sabemos que los cuadrados tienen cuatro lados. Eso es un atributo de todos los cuadriláteros. ¿Pero qué atributo hace que un cuadrado sea único? Para que un cuadrilátero sea también un cuadrado, debe tener cuatro lados iguales. Esto significa que cada lado tiene la misma longitud. Los cuadrados también tienen cuatro ángulos **rectos**, o esquinas perfectas.

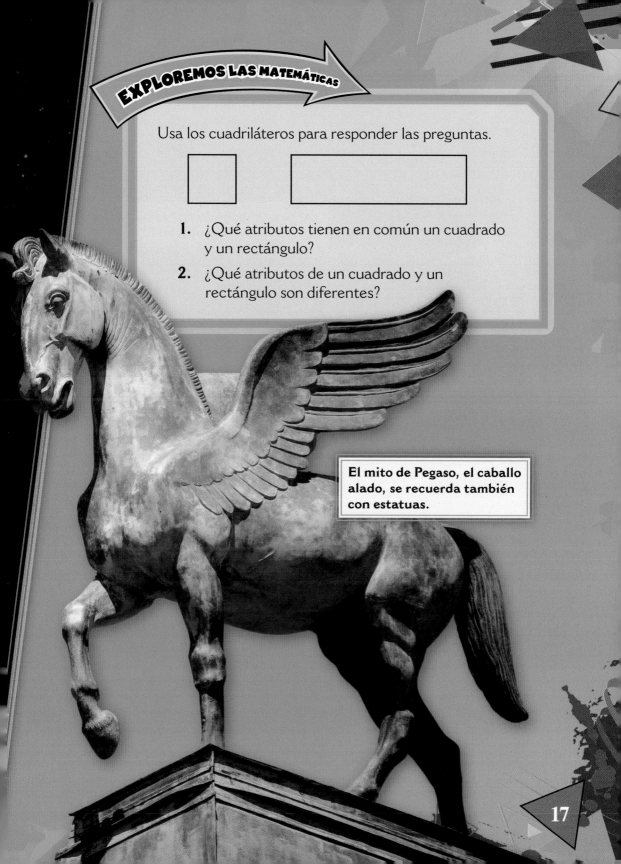

Usa los cuadriláteros para responder las preguntas.

1. ¿Qué atributos tienen en común un cuadrado y un rectángulo?

2. ¿Qué atributos de un cuadrado y un rectángulo son diferentes?

El mito de Pegaso, el caballo alado, se recuerda también con estatuas.

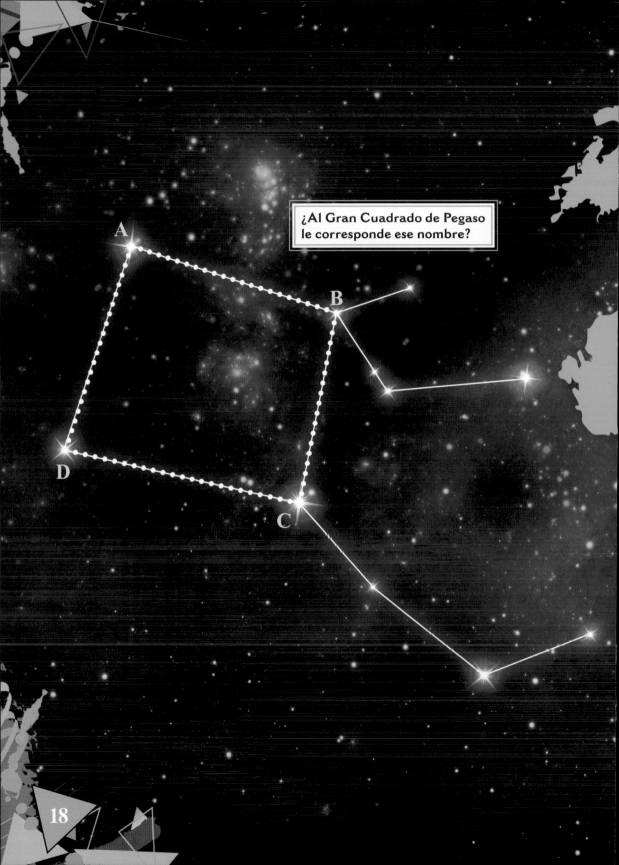

¿Al Gran Cuadrado de Pegaso
le corresponde ese nombre?

El Gran Cuadrado no tiene cuatro ángulos rectos. Algunos de sus ángulos son **obtusos**, o mayores de 90 grados. El ángulo marcado *B* es un ejemplo de ángulo obtuso. El Gran Cuadrado también tiene ángulos **agudos**. Estos son ángulos menores de 90 grados. El ángulo denominado *D* es un ejemplo de ángulo agudo. Un cuadrado verdadero no puede tener ángulos obtusos ni agudos; debe tener cuatro ángulos rectos.

Los lados del Gran Cuadrado son casi **paralelos**, pero no con exactitud. Un cuadrado debe tener dos pares de lados paralelos exactos. Finalmente, un cuadrado también debe tener cuatro lados iguales. Los lados que se encuentran en el Gran Cuadrado no son todos de la misma longitud. Por estas razones, el Gran Cuadrado no es, de hecho, un cuadrado. ¡Sin embargo, el Gran Cuadrilátero no debe haber sido un nombre tan fácil de recordar!

Las alas y la cola de Pegaso se pueden observar en la constelación del mismo nombre.

Heracles, el héroe

Al norte de Pegaso, otro héroe puede verse en las estrellas. Él también era hijo de Zeus. Los mitos de Heracles hablan de su fuerza. Era conocido por haber derrotado a muchos monstruos. Sus victorias lo convirtieron en un favorito a los ojos de su poderoso padre. Después de que Heracles murió, Zeus quiso mostrar lo orgulloso que estaba de su hijo. Por lo tanto, Zeus lo colocó en las estrellas para que todos lo admiraran.

La constelación de Heracles fue más tarde llamada Hércules. Las estrellas se conectan para formar una figura cerrada con lados rectos. Esto hace que sea un polígono. Los cuatro lados hacen que sea un cuadrilátero. También tiene ángulos que no son rectos. Significa que no es un rectángulo ni un cuadrado. ¿Por qué? Los cuadrados y los rectángulos deben tener cuatro ángulos rectos.

Entonces, ¿qué figura se forma en esta constelación? ¿Qué la distingue de otros polígonos de cuatro lados? En este caso, el rasgo clave de la figura es su único par de lados paralelos. Un cuadrilátero que tiene un solo par de lados paralelos se llama **trapezoide**. (Los cuadrados y los rectángulos tienen dos pares de lados paralelos).

Heracles sostiene el mundo.

Constelación de Hércules

EXPLOREMOS LAS MATEMÁTICAS

Juega a "¿Quién soy?" para determinar qué figura geométrica se describe en las pistas.

Rectángulo   Polígono   Trapezoide   Cuadrilátero   Cuadrado

1. Tengo 4 lados iguales y 4 ángulos rectos.
2. Soy cualquier figura cerrada con 3 o más lados rectos.
3. Tengo 4 ángulos rectos. No necesito tener 4 lados iguales.
4. Soy cualquier polígono con 4 lados.
5. Tengo 1 par de lados paralelos. Soy un cuadrilátero.

La constelación de Lira se encuentra en el cielo del norte. Vega es su estrella más brillante. La palabra *lira* proviene del griego. Es un instrumento de cuerda similar a un arpa. Los griegos antiguos la usaban para tocar música.

Un héroe griego era conocido por tocar la lira. Su nombre era Orfeo. Era un músico. El canto de Orfeo estaba hechizado. Cuando tocaba la lira, los animales bailaban y los árboles se mecían. Su lira fue colocada en los cielos para celebrar su leyenda.

Si nos fijamos en Lira, vemos una figura inclinada. Tiene cuatro lados. Por lo tanto, es un cuadrilátero. Esta figura, en particular, es un **paralelogramo**. Un paralelogramo debe tener dos pares de lados opuestos paralelos. Sus lados opuestos deben también ser de igual longitud. No necesita tener cuatro ángulos rectos. La figura puede tener ángulos agudos y obtusos.

Orfeo y su lira

Constelación de Lira

¿Son paralelogramos estas figuras? Explica tu razonamiento para cada una.

1.

2.

3.

4.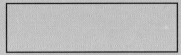

5.

Mapa de constelaciones maya

Este mapa estelar del siglo XVI muestra antiguas constelaciones egipcias del cielo del sur.

Mito y significado

Las constelaciones tenían significado para los griegos. También eran útiles. No eran solo patrones brillantes en el cielo. Ayudaban a los agricultores a llevar un seguimiento de las estaciones. Daban pistas a los viajeros de tierra y agua sobre dónde estaban.

Los griegos no eran los únicos que estudiaban el cielo. Muchos otros pueblos, como los egipcios, los chinos y los mayas, encontraron patrones en las estrellas. Les dieron a las estrellas sus propios nombres. Contaban sus propios mitos. Los patrones estelares les ayudaban a explicar los acontecimientos cotidianos. Incluso eran parte de sus religiones.

En el siglo XVI, se nombraron más constelaciones. Los exploradores de Europa volvían a su patria después de navegar los mares. Usaban las estrellas como guía y al mismo tiempo las nombraban.

Estos grupos de personas eran muy diferentes. Pero todos tenían algo en común. Querían encontrar figuras en el cielo y darles significado.

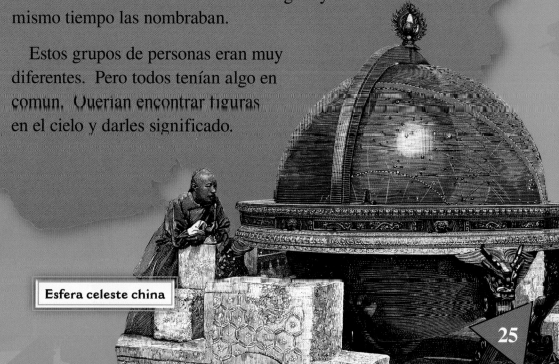

Esfera celeste china

Historias de estrellas

Las constelaciones continúan siendo estudiadas. A la gente de todo el mundo le encanta buscar patrones famosos de estrellas. Los científicos utilizan estos patrones para encontrar estrellas específicas.

¡Pero la búsqueda no termina ahí! Aún hoy se encuentran estrellas. A veces se les pone el nombre de la persona que las descubre. Las estrellas también reciben el nombre del lugar del espacio donde se encontraron. La mayoría de estos nombres usan números y letras. Pueden tener nombres muy largos que parecen una cadena interminable de números. O pueden tener nombres cortos, como Kruger 60 A. Los nombres no son siempre fáciles de decir. Pero les dicen a los científicos cosas importantes sobre cada estrella.

Estas estrellas recién descubiertas podrían no tener mitos relacionados. Pero cada estrella tiene una historia de cómo fue descubierta. Esas historias perdurarán si se vuelven a contar una y otra vez, al igual que los mitos griegos de tiempos lejanos.

Resolución de problemas

Diseña una constelación que incluya todo lo detallado en la lista siguiente. Recuerda rotular cada característica geométrica. Luego, escribe un mito sobre la constelación que podría ser transmitido de generación en generación.

Elementos de la constelación

⭐ 1 cuadrado

⭐ 1 rectángulo

⭐ 1 paralelogramo

⭐ 1 trapezoide

⭐ 2 polígonos de tu elección que no sean cuadriláteros

⭐ 2 no polígonos

⭐ 2 ángulos agudos

⭐ 2 ángulos obtusos

⭐ 2 ángulos rectos

Glosario

agudos: ángulos que miden menos de 90 grados

atributos: cualidades o características

constelaciones: grupos de estrellas que forman figuras particulares y a las que se les ha dado nombre

cuadrado: un cuadrilátero con 4 lados iguales y 4 ángulos rectos

cuadriláteros: polígonos con 4 lados y 4 ángulos

democracia: una forma de gobierno en la que la gente elige a sus gobernantes por el voto

lados: segmentos de línea de los polígonos

mitología: historias sobre los antiguos dioses, diosas y héroes

ninfa: un espíritu mitológico en forma de una mujer joven

obtusos: ángulos que miden más de 90 grados

paralelogramo: un cuadrilátero con lados opuestos paralelos y ángulos opuestos iguales

paralelos: a la misma distancia entre sí y que no se tocan en ningún punto

polígonos: figuras planas y cerradas que tienen tres o más lados rectos y ángulos

rectángulo: un cuadrilátero con 4 ángulos rectos y lados opuestos iguales

rectos: ángulos que miden exactamente 90 grados

trapezoide: un cuadrilátero con un solo par de lados paralelos

Índice

Soluciones

Exploremos las matemáticas

página 9:

1. No; tiene lados curvos
2. Sí; figura cerrada con lados rectos
3. No; no es una figura cerrada

página 11:

1. Polígono: figura cerrada con lados rectos; no es un cuadrilátero: tiene más de 4 lados
2. Ambos, figura cerrada con 4 lados rectos
3. Polígono: figura cerrada con lados rectos; no es un cuadrilátero: tiene más de 4 lados
4. Ambos, figura cerrada con 4 lados rectos
5. Polígono: figura cerrada con lados rectos; no es un cuadrilátero: tiene más de 4 lados

página 15:

1. No; todos los rectángulos deben ser polígonos de 4 lados.
2. Sí; no todos los cuadriláteros tienen lados opuestos iguales y paralelos y 4 ángulos rectos.

página 17:

1. 4 lados; lados opuestos iguales y paralelos; 4 ángulos rectos
2. Los 4 lados de un cuadrado deben ser iguales. Los 4 lados de un rectángulo no tienen que ser todos iguales.

página 21:

1. Cuadrado
2. Polígono
3. Rectángulo
4. Cuadrilátero
5. Trapezoide

página 23:

1. Sí; 4 lados, lados opuestos iguales y paralelos
2. Sí; 4 lados, lados opuestos iguales y paralelos
3. Sí; 4 lados, lados opuestos iguales y paralelos
4. Sí; 4 lados, lados opuestos iguales y paralelos
5. No; 4 lados, pero un solo par de lados paralelos

Resolución de problemas

Las historias de las constelaciones variarán. Las constelaciones deben incluir todos los puntos de la lista con las características geométricas indicadas.